EL ARTE DE CRECER JUNTOS

La Guía Práctica para Alcanzar el Éxito Financiero en Pareja

FRANKLIN MORILLO

Copyright © 2024 Franklin Morillo
Todos los derechos reservados.

Este libro no puede ser reproducido, distribuido ni transmitido de ninguna forma, ni por ningún medio, incluyendo fotocopia, grabación u otros métodos electrónicos o mecánicos, sin el permiso previo por escrito del autor, excepto en el caso de breves citas incorporadas en reseñas críticas y otros usos no comerciales permitidos por la ley de derechos de autor.

ISBN: 9798340681003
Independently published
Primera edición: Septiembre, 2024

Para obtener permiso para reproducir partes de este libro, por favor contacte a:
Libros@montas.us

Este libro continue porciones de la biblia Nueva Versión Internacional. Su uso se limita a referencias bíblicas.

Este libro está diseñado para proporcionar información precisa y fiable sobre el tema tratado. Está publicado con el entendimiento de que ni el autor ni el editor están proporcionando asesoramiento financiero, legal o de otro tipo profesional. Si se requiere asistencia profesional, se recomienda buscar los servicios de un profesional competente.

DEDICACIÓN

Este libro es dedicado a Dios en primer lugar por ser mi guía, mi fuerza y mi luz en cada paso de este camino. A Él sea toda la gloria.

También, le dedico este libro a mi familia, por su amor incondicional, apoyo constante y por ser el motivo de cada sueño y esfuerzo. Este logro es tan suyo como mío.

A mis seguidores y clientes, por su confianza, lealtad y por permitirme ser parte de su camino hacia el éxito financiero. Este libro es para ustedes, con la esperanza de que les inspire y les guíe hacia una vida de prosperidad.

TABLA DE CONTENIDO

Dedicación	III
Tabla de Contenido	IV
Prólogo	1
Introducción	4
Capítulo 1: El Fundamento de una Relación Financiera Saludable	7
Capítulo 2: Conoce tu Estado Financiero Juntos	13
Capítulo 3: El Poder de Crear un Presupuesto en Pareja	20
Capítulo 4: Construyendo un Fondo de Emergencia Juntos	27
Capítulo 5: Salir de Deudas: Un Proyecto en Pareja	34
Capítulo 6: Inversiones en Pareja: Creando un Futuro Juntos	41
Capítulo 7: La Planificación Financiera para el Futuro	48
Capítulo 8: Desafíos Financieros en Pareja y Cómo Superarlos	55
Capítulo 9: El Éxito Financiero como una Pareja Próspera	62
Epílogo	69

Glosario 72

Acerca del Autor 76

PRÓLOGO

La vida está llena de sueños. Y cada uno de estos sueños es parte de nuestra visión y anhelo de nuestra vida ideal: un hogar lleno de paz, seguridad financiera, la libertad de seguir nuestras pasiones y el bienestar de nuestras familias. Sin embargo, a menudo, esos sueños parecen inalcanzables cuando las dificultades financieras nos golpean. Las deudas se acumulan, los ingresos no parecen suficientes y el estrés puede ser abrumador. En esos momentos, es fácil perder la esperanza y olvidar de que Dios y su sabiduría son la clave del éxito.

Pero quiero decirte algo importante: las dificultades no son para siempre. Los desafíos financieros que estás enfrentando ahora no definen tu futuro. De hecho, las pruebas que enfrentas hoy pueden ser las lecciones más valiosas que te preparen para el éxito de mañana. A veces, necesitamos esas sacudidas para despertar nuestro potencial, para cambiar nuestros hábitos y para forjar el carácter necesario para alcanzar nuestros sueños más grandes.

Cuando estamos en medio de la tormenta, es difícil ver el sol en el horizonte. Pero quiero que recuerdes esto: cada tormenta pasa, y después de la lluvia, la tierra se vuelve más fértil, más preparada para florecer y todo gracias a que Dios tiene cuidado de nosotros. Así es también con nuestras vidas. Las dificultades financieras, aunque dolorosas, pueden ser las semillas de tu éxito futuro. Son la oportunidad de aprender, de crecer, y de reinventarte. Y lo más importante, no estás solo en este camino. Como pareja, tienes el poder de apoyarte mutuamente, de construir juntos y de superar cualquier obstáculo que se presente en su camino.

Soñar en grande no es una idea romántica o irreal. Es una declaración de fe y esperanza. Es creer que, independientemente de las circunstancias actuales, hay un futuro brillante esperándote. Los grandes logros no pertenecen a los que nacen con privilegios o suerte, sino a aquellos que son valientes, perseverantes y que creen que lo imposible es alcanzable con esfuerzo y determinación. El éxito no llega de la noche a la mañana, pero te prometo que con las decisiones correctas y la disciplina, cada paso que des te acercará a ese sueño que hoy parece lejano.

Este libro está diseñado para ser más que una guía financiera. Es un manual de transformación. Está aquí para enseñarte, paso a paso, cómo recuperar el control de tus finanzas y cómo construir un futuro sólido y próspero en pareja. Pero también está aquí para recordarte que el poder para cambiar tu vida está en cambiar tus hábitos. Que no importa cuán difícil parezca el camino, si te mantienes enfocado y determinado, puedes lograr cualquier cosa que te propongas.

Hoy es el día para decidir que tu situación actual no determina tu destino. Hoy es el día para soñar en grande, para creer que la vida que deseas es posible. Recuerda que el éxito no es solo una meta, sino un viaje. Y en ese viaje, las caídas son parte del proceso, pero también lo es levantarse una y otra vez con más fuerza, más sabiduría y más determinación.

No importa lo que enfrentes en este momento, te aseguro que el éxito está a la vuelta de la esquina. Mantente firme, mantente fiel a tus sueños, y lo más importante, nunca dejes de crecer juntos, ser agradecidos y encomendar su camino a Dios.

Franklin Morillo

INTRODUCCIÓN

El dinero, aunque a menudo visto como un tema incómodo o complicado en las relaciones, es uno de los pilares fundamentales sobre los cuales se construye una vida en pareja. Sin embargo, hablar de finanzas en pareja no tiene por qué ser un motivo de tensión, ni una fuente de conflictos. Al contrario, cuando ambos están alineados y trabajan juntos, las finanzas pueden convertirse en una herramienta poderosa para alcanzar los sueños más grandes y vivir una vida llena de propósito, paz y prosperidad.

El Arte de Crecer Juntos no es solo un libro sobre finanzas, es una guía práctica y emocional para que, como pareja, puedan construir un futuro financiero sólido y lleno de posibilidades. Tal vez te encuentres en este momento enfrentando desafíos económicos, luchando con deudas o simplemente sintiéndote inseguro sobre cómo manejar tu dinero junto a tu pareja. Pero quiero decirte algo muy importante: los desafíos financieros no son el fin del camino. De hecho, a menudo son el comienzo de algo más grande.

Las dificultades económicas, aunque duras, no son permanentes. Son lecciones de vida, oportunidades disfrazadas que, si se manejan bien, pueden transformarse en los cimientos de una vida mejor. Este libro está diseñado para ofrecerte las herramientas necesarias para navegar esos momentos difíciles, salir fortalecido de ellos, y construir juntos un futuro financiero sólido y próspero.

A lo largo de estas páginas, aprenderás no solo a gestionar tu dinero de manera más efectiva, sino también a mejorar la comunicación con tu pareja sobre este tema. Porque si hay algo que he aprendido a lo largo de los años es que el éxito financiero en pareja no se trata solo de números, sino de colaboración, confianza y una visión compartida. Cuando ambos están en sintonía, no hay obstáculo que no puedan superar juntos.

Este libro te enseñará a:
- Crear un presupuesto en pareja que sea realista y efectivo.
- Eliminar deudas de manera estratégica y sin estrés.
- Construir un fondo de emergencia que les proporcione tranquilidad.
- Invertir para el futuro, asegurando su estabilidad a largo plazo.
- Enfrentar los desafíos financieros con amor, paciencia y sabiduría.

Cada capítulo ha sido diseñado para guiarte paso a paso, ofreciendo ejercicios prácticos que pueden hacer juntos. Este no es solo un manual para mejorar tus finanzas, sino una invitación a soñar en grande, a creer que la vida que desean está a su alcance y a construir juntos un camino hacia la libertad financiera.

Al leer este libro, recuerda que cada pequeño paso que den hoy los acercará a esa vida de abundancia que tanto anhelan. No importa dónde estén ahora; lo importante es hacia dónde están dispuestos a ir juntos. Porque el verdadero arte de crecer en pareja no está en evitar los desafíos, sino en enfrentarlos unidos, con fe, determinación y una visión clara de lo que quieren lograr.

El viaje hacia el éxito financiero comienza aquí, y estoy emocionado de acompañarlos en este camino. Prepárense para descubrir el verdadero poder de sus finanzas, de su relación y de su capacidad para crear juntos una vida extraordinaria.

———

Me encantaría ver cómo *El Arte de Crecer Juntos* está transformando sus vidas!

Tómense una foto con el libro y compártanla en sus redes sociales usando el hashtag #ElArtedeCrecerJuntos. ¡Queremos celebrar cada paso de su camino hacia el éxito financiero en pareja!

¡No olviden etiquetarme para que pueda compartir tu historia también!

CAPÍTULO 1: EL FUNDAMENTO DE UNA RELACIÓN FINANCIERA SALUDABLE

"UNO SOLO PUEDE SER VENCIDO, PERO DOS PUEDEN RESISTIR. ¡LA CUERDA DE TRES HILOS NO SE ROMPE FÁCILMENTE!"

— ECLESIASTÉS 4:12

El éxito financiero en una pareja no se trata solo de números, inversiones o presupuestos. El verdadero éxito financiero en una relación comienza con la comunicación, la confianza y el entendimiento mutuo. Así como construir una casa requiere de buenos cimientos, alcanzar el éxito financiero en pareja requiere una base sólida. Esta base está hecha de principios fundamentales que no solo los mantendrán unidos en tiempos buenos, en tiempos de prosperidad, sino que también los fortalecerán en momentos de adversidad.

La Comunicación: El Primer Paso para el Éxito Financiero en Pareja

Todo comienza con una conversación honesta. Como en cualquier área de la vida, si no puedes hablar abiertamente sobre dinero con tu pareja, será difícil alcanzar la paz financiera. Proverbios 15:22, nos dice: "Cuando falta el consejo, fracasan los planes; cuando abunda el consejo, prosperan.". En una relación, tu pareja debe ser tu principal consejero, y juntos deben construir esos planes. Es importante reconocer que nosotros no sabemos todo en la vida y hay momentos en los que debemos buscar la ayuda de un experto en el área que queremos fortalecer.

La falta de comunicación financiera puede causar tensión y desconfianza. Tal vez tú seas más ahorrador y tu pareja más gastadora. Quizá uno de ustedes se sienta más cómodo invirtiendo en riesgos y el otro prefiere la seguridad. Estas diferencias son comunes, pero no pueden ser ignoradas. Hablen sobre ellas abiertamente y sin juicios. Solo cuando ambos tienen un entendimiento claro de sus perspectivas y metas pueden avanzar hacia un futuro financiero compartido.

Consejo práctico: Tómense el tiempo una vez al mes para sentarse y revisar su situación financiera juntos. No es necesario que sea una reunión larga ni estresante. Lo importante es que se mantengan en sintonía.

Identificar Valores Financieros Compartidos

Después de abrir el diálogo, es crucial identificar los valores financieros que comparten como pareja. Estos valores son los pilares sobre los que construirán su plan financiero en conjunto. ¿Qué es lo más importante para ustedes? ¿Quieren vivir sin deudas? ¿Sueñan con viajar por el mundo? ¿Desean asegurar la educación de sus hijos o retirarse o jubilarse jóvenes?

Filipenses 2:2 nos dice: "llénenme de alegría teniendo un mismo parecer, un mismo amor, unidos en alma y pensamiento". El dinero es una herramienta, y no es un fin. Cuando ambos tienen claro qué propósito quieren alcanzar, será más fácil tomar decisiones financieras alineadas con ese objetivo. Sin esta claridad, podrían estar trabajando en direcciones opuestas, lo que genera frustración y desacuerdo.

Consejo práctico: Tomen una hoja de papel y cada uno escriba cuáles son sus tres principales prioridades financieras. Luego, comparen las respuestas y discutan en qué están de acuerdo y en qué no. Definan cuáles serán sus metas financieras como pareja.

El Papel de la Confianza en las Finanzas

La confianza es la columna vertebral de cualquier relación sólida, y esto incluye el aspecto financiero. Como dice Proverbios 31:10-12, "Mujer ejemplar, ¿dónde se hallará? ¡Es más valiosa que las piedras preciosas! Su esposo confía plenamente en ella y no le faltarán ganancias. Ella le es fuente de bien, no de mal, todos los días de su vida.". La transparencia financiera es esencial para mantener esa confianza. Si esa confianza no esta, hoy es día de comenzar a forjar lazos de confianza.

¿Tienen cuentas separadas o conjuntas? ¿Ambos saben exactamente cuántos ingresos y deudas tienen? La desconfianza financiera puede comenzar con pequeños secretos, como una compra no revelada o una deuda escondida. Estos pequeños actos pueden erosionar la confianza y llevar a problemas mayores. Marcos 10:8 dice "... Así que ya no son dos, sino uno solo". Aunque ocultemos alguna cuenta o deuda de nuestra pareja aún la ley nos hace responsable de las buenas o malas decisiones de nuestra pareja. Esto nos quiere decir que ya mis decisiones no solo me afectan a mi sino que también afectan a mi pareja.

Ser honestos sobre sus finanzas —sin ocultar deudas o gastos— es clave. No se trata de perder independencia, sino de construir una relación en la que ambos se sientan seguros de que el otro tiene en mente el bienestar financiero de la pareja.

Creando un Proyecto de Vida Financiera Juntos

Una vez que han hablado abiertamente, identificado sus valores y establecido una base de confianza, es momento de crear su proyecto financiero de vida. Un proyecto en el que ambos colaboren y que defina hacia dónde quieren llevar sus finanzas. Santiago 1:5 nos dice: "Si a alguno de ustedes le falta sabiduría, pídasela a Dios y él se la dará, pues Dios da a todos generosamente sin menospreciar a nadie". Sabiduría es lo que necesitan para planificar su futuro.

Este proyecto no debe ser rígido, sino flexible, porque la vida cambia y las circunstancias también. Sin embargo, al tener un plan en común, estarán preparados para enfrentar las pruebas que puedan surgir. Ya sea que deseen ahorrar para una casa, invertir en su futuro, o simplemente vivir una vida libre de deudas, el proyecto financiero les servirá como hoja de ruta.

Consejo práctico: En una hoja, dividan su proyecto de vida financiera en tres partes: corto plazo (1-2 años), mediano plazo (3-5 años), y largo plazo (10+ años). Juntos, definan metas realistas y específicas para cada periodo y revisen el plan anualmente.

Ejercicio: El Diario Financiero en Pareja

Para profundizar aún más en la comunicación y entendimiento de sus emociones respecto al dinero, les propongo un ejercicio que ha ayudado a muchas parejas: el diario financiero en pareja. Este es un diario donde ambos, de manera individual, escribirán durante una semana sobre cómo se sienten acerca de su situación financiera actual, sus miedos, preocupaciones, sueños y expectativas.

Al final de la semana, reúnanse y compartan lo que han escrito. Este ejercicio fomenta una comunicación más profunda y ayuda a desarmar cualquier barrera emocional que puedan tener sobre el dinero.

Instrucciones para el ejercicio:
1. Cada uno debe escribir en privado, siendo lo más honesto y respetuoso posible.
2. Al final de la semana, revisen el diario juntos en un ambiente relajado.
3. No se critiquen; el propósito es comprenderse mejor.
4. Después de compartir sus pensamientos, definan juntos las próximas acciones para mejorar su relación financiera.

El éxito financiero en pareja comienza cuando dos corazones laten al mismo ritmo financiero.

    El éxito financiero en pareja es una jornada que comienza con la unidad y el compromiso de ambos. Recuerda que el dinero, cuando se maneja bien, no solo trae estabilidad, sino también paz y satisfacción. Este es solo el primer paso en un viaje que, si lo hacen juntos y con propósito, los llevará a vivir el tipo de vida que siempre han soñado, libres de deudas, preocupaciones y con la posibilidad de cumplir todos sus sueños.

CAPÍTULO 2: CONOCE TU ESTADO FINANCIERO JUNTOS

"POR TANTO, CUALQUIERA QUE OYE ESTAS PALABRAS MÍAS Y LAS PONE EN PRÁCTICA ES COMO UN HOMBRE PRUDENTE QUE CONSTRUYÓ SU CASA SOBRE LA ROCA."

—MATEO 7:24

Una relación sólida se construye sobre la verdad y la transparencia, y esto incluye tus finanzas. Saber dónde están parados financieramente como pareja es el primer paso hacia un futuro de éxito. No pueden planificar a dónde quieren llegar si no saben dónde están ahora. Muchas parejas evitan estas conversaciones, ya sea por miedo, vergüenza o porque simplemente no saben por dónde empezar. Pero la Biblia nos recuerda en Mateo 7:24 que aquellos que construyen sobre la roca están mejor preparados para soportar las tormentas de la vida. Y en este caso, la roca es conocer con claridad su estado financiero.

El dinero es un recurso poderoso, pero también puede ser una fuente de tensión si no se maneja con sabiduría. Las parejas que no tienen una visión clara de sus finanzas tienden a enfrentar problemas más adelante. Es hora de enfrentar la realidad juntos, con confianza y transparencia.

Transparencia Total: Abriendo las Cuentas y las Deudas

La honestidad es la base de cualquier relación, y eso incluye ser transparente sobre el dinero. Como dice Lucas 16:10: "El que es honesto en lo poco, también lo será en lo mucho". No se trata solo de ser honesto con tu pareja, sino también contigo mismo. Si alguno de ustedes está ocultando deudas, cuentas secretas o gastos fuera de control, eso será un obstáculo para el éxito financiero.

Ambos deben ser completamente transparentes sobre cuánto ganan, cuánto deben y cómo gastan. Sí, puede ser incómodo al principio, pero esa honestidad les permitirá trabajar como un equipo para lograr el éxito financiero. La falta de transparencia puede llevar a desconfianza, lo cual es una de las mayores amenazas para la estabilidad financiera de una pareja.

Consejo práctico: Hagan una lista de todas sus cuentas bancarias, deudas, tarjetas de crédito, inversiones y cualquier otro aspecto financiero que sea relevante. Ambos deben estar al tanto de toda la información financiera de la relación.

Cómo Hacer un Estado Financiero en Pareja

Un estado financiero es una radiografía de sus finanzas. Tal como un médico necesita un diagnóstico antes de recetar un tratamiento, ustedes necesitan saber exactamente dónde están antes de poder tomar decisiones.

En Filipenses 4:6-7 se nos dice: "No se preocupen por nada; más bien, en toda ocasión, con oración y ruego, presenten sus peticiones a Dios y denle gracias. Y la paz de Dios, que sobrepasa todo entendimiento, cuidará sus corazones y sus pensamientos en Cristo Jesús." No se angustien por lo que encuentren en su balance; sea que estén en una situación complicada o estén en una posición estable, el balance financiero les mostrará el camino a seguir.

Un balance financiero incluye todos sus activos (lo que tienen) y sus pasivos (lo que deben). Aquí es donde verán de forma clara si están en una posición de déficit, negativa, o superávit, positiva. Recuerden, este no es un ejercicio para generar culpa, sino para identificar oportunidades de mejora.

Consejo práctico: Tómense una tarde para crear un estado financiero en pareja. Enumeren todos sus activos y pasivos, calculen el valor neto (activos menos pasivos) y, con este número en mente, decidan qué ajustes o acciones tomarán en los próximos meses.

Identificar Fortalezas y Debilidades Financieras de Ambos

Como pareja, cada uno de ustedes aporta algo único a la relación. Es probable que uno sea más disciplinado con el ahorro, mientras que el otro pueda tener un enfoque más relajado respecto al gasto. Estas diferencias no son necesariamente malas. De hecho, como en cualquier equipo, es importante reconocer las fortalezas y debilidades para que puedan complementarse.

Romanos 12:4-5 nos enseña: "Pues, así como cada uno de nosotros tiene un solo cuerpo con muchos miembros, y no todos estos miembros desempeñan la misma función, también nosotros, siendo muchos, formamos un solo cuerpo en Cristo, y cada miembro está unido a todos los demás". En el ámbito financiero, esto significa que deben apoyarse mutuamente, utilizando las habilidades de cada uno para construir una relación financiera más fuerte.

¿Quién es mejor planificando? ¿Quién es más consciente de los detalles? Al identificar las fortalezas y debilidades de cada uno, podrán asignar responsabilidades de manera más eficiente. Así, podrán lograr más como equipo de lo que lograrían trabajando individualmente.

Consejo práctico: Tómense un tiempo para discutir qué área financiera maneja mejor cada uno. Pueden dividir tareas como el seguimiento del presupuesto, el ahorro para metas a largo plazo, o la gestión de las inversiones. Jueguen con sus fortalezas y trabajen juntos en las áreas donde necesitan mejorar. Es importante que el que es fuerte en un area le explique al otro cual es su metodología de trabajo.

Creación de un Plan de Acción Basado en la Realidad Actual

Ya conocen su estado financiero y sus fortalezas como pareja. Ahora, es momento de actuar. Santiago 2:26 nos recuerda que "Pues, como el cuerpo sin el espíritu está muerto, así también la fe sin obras está muerta". No basta con tener una visión clara de sus finanzas; deben tomar decisiones y comprometerse a ejecutar los cambios necesarios.

Si su balance financiero les muestra que están en números rojos, es tiempo de hacer ajustes en sus hábitos de gasto, establecer un plan de pago de deudas, o reducir los gastos innecesarios. Si están en una buena posición financiera, deben pensar en cómo invertir mejor su dinero o en cómo establecer un fondo de emergencia más robusto.

Un plan de acción efectivo debe incluir:
- Metas a corto plazo: ¿Qué pequeños ajustes pueden hacer este mes para mejorar su situación?
- Metas a mediano plazo: ¿Qué cambios pueden implementar en los próximos seis meses para avanzar hacia sus objetivos?
- Metas a largo plazo: ¿Qué inversiones o estrategias necesitan considerar para asegurar su éxito financiero a largo plazo?

Ejercicio: Crear Juntos su Balance Financiero

Ahora que entienden la importancia de la transparencia y el análisis financiero, es momento de arremangarse la camisa y hacer el trabajo. Este ejercicio les ayudará a tener una visión clara de dónde están financieramente y servirá como base para las decisiones que tomen de aquí en adelante.

Instrucciones para el ejercicio:
1. Activos: Hagan una lista de todo lo que poseen. Incluyan cuentas bancarias, propiedades, inversiones, vehículos, ahorros para la jubilación, y cualquier otro activo que tenga un valor monetario.
2. Pasivos: Ahora, enumeren todas sus deudas: tarjetas de crédito, préstamos estudiantiles, hipotecas, deudas de automóviles, etc.
3. Valor neto: Reste el total de los pasivos de los activos. Este es su valor neto como pareja.
4. Reflexionen juntos: Si están en un valor neto negativo, no se desanimen. Este es el primer paso para crear un plan que los saque adelante. Si están en positivo, celebren el progreso y continúen construyendo sobre esa base.

Cuando ambos conocen su realidad financiera, empiezan a caminar hacia la libertad juntos.

Conocer su estado financiero es uno de los pasos más poderosos que pueden tomar como pareja. Este es un ejercicio de humildad y sabiduría. No importa si en este momento sus finanzas están en un lugar complicado o si ya tienen un camino recorrido, lo importante es que lo están haciendo juntos. Este es solo el principio de una nueva etapa de claridad, propósito y acción. Lo que hoy descubran sobre sus finanzas les dará el poder de cambiar su mañana.

Recuerden, como dice Proverbios 24:3, "Con sabiduría se construye la casa; con inteligencia se echan los cimientos". La sabiduría que están adquiriendo en este proceso no solo les ayudará a construir un mejor futuro financiero, sino también a fortalecer los cimientos de su relación.

CAPÍTULO 3: EL PODER DE CREAR UN PRESUPUESTO EN PAREJA

"¿PUEDEN DOS CAMINAR JUNTOS SIN ANTES PONERSE DE ACUERDO?"

—AMÓS 3:3

Un presupuesto no es una restricción. Al contrario, es una herramienta poderosa que les permitirá vivir de acuerdo con sus sueños, y no con sus circunstancias. Así como cualquier proyecto necesita un plan, sus finanzas también requieren una hoja de ruta. Un presupuesto claro les dará el control de su dinero, evitando que sus finanzas los controlen a ustedes. Como nos enseña Proverbios 21:5: "Los planes bien pensados producen ganancias; los apresurados traen pobreza."

Cuando crean un presupuesto juntos, están tomando decisiones conscientes sobre cómo gastar, ahorrar e invertir sus recursos. Esto no solo fortalece sus finanzas, sino también su relación. Las parejas que planifican sus finanzas en conjunto tienden a ser más unidas y a alcanzar sus metas más rápido.

La Importancia de Unir Ingresos y Decisiones de Gasto

Uno de los mayores errores que muchas parejas cometen es llevar sus finanzas de manera individual. Aunque mantener una cierta independencia puede ser útil, cuando se trata de la planificación financiera, ambos deben estar alineados. Como dice Eclesiastés 4:9: "Mejor son dos que uno, porque obtienen más fruto de su esfuerzo". Trabajar juntos en sus finanzas les permitirá maximizar el impacto de sus ingresos.

Es posible que uno de ustedes gane más que el otro o que tengan diferentes prioridades de gasto. Estas diferencias son normales, pero no deben ser un obstáculo. La clave está en unir esos ingresos para crear un presupuesto que refleje las necesidades, deseos y metas de ambos. El objetivo no es restringir, sino maximizar sus recursos para avanzar hacia un futuro financiero próspero.

Consejo práctico: Hagan una lista de sus ingresos totales como pareja y utilícenla como base para comenzar a crear su presupuesto. Sean transparentes y consideren todos los ingresos, desde salarios hasta ingresos adicionales o inversiones.

El Presupuesto Conjunto: Haciendo un Plan de Inversión y Gasto Eficaz

Crear un presupuesto no tiene que ser complicado. De hecho, debería ser algo simple y práctico. El propósito del presupuesto es ayudarles a visualizar cómo manejarán su dinero cada mes, asegurándose de que están destinando lo suficiente para sus necesidades, metas y para disfrutar la vida juntos.

El primer paso es categorizar sus gastos:
- Gastos esenciales: vivienda, transporte, alimentación, seguros y deudas.
- Ahorro e inversión: ahorros para el fondo de emergencia, inversiones y ahorro para metas específicas.
- Gastos discrecionales: entretenimiento, viajes, y otros gustos que deseen permitirse.

Como dice Lucas 14:28: "Supongamos que alguno de ustedes quiere construir una torre. ¿Acaso no se sienta primero a calcular el costo para ver si tiene suficiente dinero para terminarla?". El presupuesto es el cálculo que les permitirá construir la torre de su éxito financiero.

Una vez que han hecho este desglose, asignen porcentajes a cada categoría. Una regla general que puede ser útil es la 50/30/20:
- 50% para gastos esenciales.
- 30% para gastos discrecionales.
- 20% para ahorro e inversiones.

Este no es un modelo rígido; pueden ajustarlo según sus necesidades y metas. Lo importante es que ambos estén de acuerdo en cómo se manejarán los recursos.

Cómo Manejar los Diferentes Estilos de Gastar y Ahorrar

Es muy común que uno de ustedes sea más ahorrador mientras que el otro sea más propenso a gastar. Estas diferencias no son un problema, siempre y cuando se manejen con respeto y comunicación. Como pareja, deben encontrar un equilibrio que les permita disfrutar de la vida mientras avanzan hacia sus metas financieras.

Proverbios 27:23-24 nos advierte: "Asegúrate de saber cómo está tu ganado; cuida mucho de tus rebaños; pues las riquezas no son eternas ni la corona está siempre segura". Es decir, la clave está en ser intencional con el dinero. No se trata de eliminar todo gasto discrecional, sino de hacerlo de manera consciente y planificada.

Si uno de ustedes tiende a gastar más, el otro puede ser el que establezca límites. Del mismo modo, si uno es demasiado ahorrador, el otro puede recordarles la importancia de disfrutar el presente. El objetivo es encontrar el equilibrio y evitar los extremos que puedan causar fricciones en la relación.

Consejo práctico: Revisen juntos los hábitos de gasto de los últimos tres meses. Esto les ayudará a identificar áreas donde pueden hacer ajustes sin sacrificar el estilo de vida que desean.

Herramientas Digitales para Hacer el Seguimiento Financiero

En el pasado, los presupuestos se hacían en papel, y aunque eso sigue siendo válido, hoy en día tienen a su disposición herramientas digitales que facilitan enormemente el proceso. Aplicaciones como Mint, YNAB (You Need A Budget) o incluso hojas de cálculo en Google Sheets les permiten hacer un seguimiento en tiempo real de sus ingresos y gastos.

Estas herramientas no solo les ayudan a mantener el control, sino que también hacen que el proceso de presupuestar sea más accesible y menos tedioso. Lo más importante es que elijan una herramienta con la que ambos se sientan cómodos y la utilicen de manera constante.

Como dice Proverbios 16:3: "Pon en manos del Señor todas tus obras y tus proyectos se cumplirán". El seguimiento es clave para ver cómo sus esfuerzos comienzan a dar frutos. De nada sirve crear un presupuesto si no se comprometen a monitorearlo regularmente.

Consejo práctico: Elijan juntos una herramienta digital para hacer seguimiento de su presupuesto y reúnanse al menos una vez al mes para revisarlo y ajustarlo según sea necesario.

Ejercicio: Diseñen su Primer Presupuesto Mensual en Pareja

Ahora que entienden la importancia y el poder del presupuesto, es hora de poner manos a la obra. Crear su primer presupuesto mensual como pareja es un paso fundamental para tomar control de su dinero y dirigirlo hacia sus metas conjuntas.

Instrucciones para el ejercicio:
1. Ingresos totales: Hagan una lista de todos los ingresos que perciben como pareja.
2. Gastos esenciales: Calculen cuánto necesitan para cubrir lo básico (alquiler, hipoteca, servicios públicos, comida, transporte, etc.).
3. Ahorro e inversión: Definan juntos cuánto desean ahorrar e invertir cada mes.
4. Gastos discrecionales: Acuerden un monto que destinarán a actividades recreativas y gustos personales.
5. Monitoreo mensual: Utilicen una herramienta digital o un cuaderno para hacer seguimiento de cómo están manejando su presupuesto.

Este ejercicio no solo les ayudará a organizar sus finanzas, sino que también fomentará la comunicación y el trabajo en equipo, que son esenciales para cualquier pareja.

Un presupuesto no es una restricción, es la libertad para vivir de acuerdo con tus sueños como pareja.

Crear un presupuesto es uno de los actos más poderosos que pueden hacer como pareja. Les da control, dirección y libertad. Con cada mes que pasa, verán cómo sus decisiones financieras los acercan a sus metas. El presupuesto es más que una herramienta; es un compromiso mutuo de que están construyendo un futuro juntos, uno que no está limitado por deudas o incertidumbre, sino lleno de oportunidades y prosperidad.

Recuerden que, al igual que en cualquier área de la vida, la consistencia es la clave. Proverbios 13:11 nos dice: "El dinero mal habido pronto se acaba; quien ahorra, poco a poco se enriquece." Poco a poco, cada decisión financiera que tomen con intención y sabiduría les acercará más a la vida que sueñan.

CAPÍTULO 4: CONSTRUYENDO UN FONDO DE EMERGENCIA JUNTOS

"EL PRUDENTE VE EL PELIGRO Y BUSCA REFUGIO; EL INEXPERTO SIGUE ADELANTE Y SUFRE LAS CONSECUENCIAS."

—PROVERBIOS 22:3

En la vida, las sorpresas pueden llegar en cualquier momento, y no todas son agradables. Desde la pérdida de un empleo hasta una emergencia médica, las situaciones inesperadas pueden poner en jaque las finanzas de una pareja si no están preparadas. Es por eso que uno de los pasos más importantes en su camino hacia la libertad financiera es la creación de un fondo de emergencia sólido. Este fondo les proporcionará la seguridad necesaria para enfrentar lo inesperado sin tener que recurrir a deudas o comprometer su bienestar financiero.

El fondo de emergencia es como un escudo protector que les permite enfrentar las dificultades sin poner en peligro el trabajo duro que han realizado para mejorar sus finanzas. Proverbios 21:20 nos recuerda: "En casa del sabio abundan las riquezas y el perfume, pero el necio todo lo despilfarra". Crear este tesoro, su fondo de emergencia, es una decisión sabia que los protegerá de futuros problemas.

¿Por qué Cada Pareja Necesita un Colchón Financiero?

El fondo de emergencia es la primera línea de defensa contra las crisis financieras. No importa lo estables que sean sus empleos o lo bien que estén administrando su dinero, la vida siempre tiene una forma de sorprendernos. Tener un colchón financiero les dará la tranquilidad de saber que están preparados para lo inesperado.

En Mateo 6:34, Jesús nos dice: "Por lo tanto, no se preocupen por el mañana, el cual tendrá sus propios afanes. Cada día tiene ya sus problemas". Aunque no debemos preocuparnos excesivamente por el futuro, debemos ser responsables y prever las situaciones adversas. La preparación es un acto de fe y sabiduría. Con un fondo de emergencia adecuado, estarán más tranquilos sabiendo que pueden enfrentar cualquier adversidad sin que sus finanzas colapsen.

¿Cuánto Dinero es Suficiente para Sentirse Seguros?

La cantidad ideal para un fondo de emergencia varía según las circunstancias de cada pareja, pero un buen objetivo es ahorrar al menos tres a seis meses de sus gastos básicos. Esto significa tener suficiente dinero ahorrado para cubrir cosas como vivienda, comida, transporte y otras necesidades esenciales en caso de que uno o ambos pierdan sus ingresos.

Como dice Proverbios 6:6-8, "¡Anda, perezoso, fíjate en la hormiga! ¡Fíjate en lo que hace y adquiere sabiduría! No tiene quien la mande ni quien la vigile ni gobierne; con todo, en el verano almacena provisiones y durante la cosecha recoge alimentos." La hormiga se prepara en tiempos de abundancia para los tiempos difíciles. Ustedes, como pareja, deben hacer lo mismo. Aprovechen los tiempos de estabilidad para preparar su fondo de emergencia, de modo que cuando llegue el invierno financiero, estén listos para enfrentarlo sin temor.

El monto exacto dependerá de sus gastos mensuales y de cuán estables son sus ingresos. Si ambos tienen empleos seguros, tres meses pueden ser suficientes. Sin embargo, si alguno de ustedes tiene ingresos variables o trabajan por cuenta propia, puede que necesiten un fondo de seis meses o incluso más para sentirse completamente seguros.

Métodos para Crear y Alimentar el Fondo de Emergencias

Una vez que tengan una meta clara, es momento de actuar. La clave para construir un fondo de emergencia sólido es la consistencia. No necesitan ahorrar todo de una vez; pueden hacerlo poco a poco, mes a mes. Como dice Gálatas 6:9: "No nos cansemos de hacer el bien, porque a su debido tiempo cosecharemos si no nos damos por vencidos.".

Aquí hay algunos métodos que pueden utilizar para construir su fondo de emergencia:

1. Automatización del ahorro: La forma más efectiva de ahorrar es hacer que sea automático. Configuren una transferencia automática a una cuenta de ahorros cada vez que reciban su salario. De esa manera, no tendrán que pensar en ello cada mes, y el dinero se irá acumulando sin esfuerzo.

2. Reducir gastos discrecionales: Si están comprometidos a crear su fondo de emergencia rápidamente, consideren reducir ciertos gastos no esenciales temporalmente. Esto podría incluir menos salidas a cenar o reducir los gastos en entretenimiento.

3. Aumentar los ingresos: Si reducir gastos no es suficiente, también pueden buscar formas de aumentar sus ingresos. Ya sea con un trabajo adicional, vender artículos que ya no necesiten o cualquier otro método, cualquier ingreso adicional puede ayudar a acelerar la creación de su fondo.

Consejo práctico: Dividan su meta de ahorro en pequeñas cantidades mensuales. Por ejemplo, si su meta es ahorrar $12,000 para su fondo de emergencia, comprométanse a ahorrar $1,000 al mes durante un año. De esta manera van a poder llegar su meta en tiempo record.

Lecciones de Resiliencia Financiera: ¿Cómo Enfrentar Crisis sin Romperse?

Cuando tienen un fondo de emergencia, están mucho mejor preparados para enfrentar cualquier tipo de crisis. Esto no solo es una bendición financiera, sino también emocional y espiritual. Como pareja, enfrentar dificultades financieras sin un fondo de emergencia puede generar tensiones y conflictos. Sin embargo, con ese colchón financiero, podrán abordar las situaciones con calma y claridad.

Santiago 1:2-4 nos dice: "Hermanos míos, considérense muy dichosos cuando tengan que enfrentarse con diversas pruebas, pues ya saben que la prueba de su fe produce perseverancia. Y la perseverancia debe llevar a feliz término la obra, para que sean perfectos e íntegros sin que les falte nada". Aunque las pruebas pueden llegar, cuando están preparados, su fe y su relación se fortalecen. El fondo de emergencia no solo es un respaldo financiero, sino también una herramienta para mantener la paz en la relación.

Cuando surjan situaciones inesperadas, como la pérdida de empleo, un accidente o una reparación urgente en el hogar, el hecho de tener un fondo de emergencia les permitirá enfrentar la crisis con resiliencia. No necesitarán endeudarse ni desviar fondos de otras metas importantes, como el ahorro para la jubilación o las inversiones.

Ejercicio: Establecer un Plan de Ahorro para el Fondo de Emergencia

Ahora que comprenden la importancia de un fondo de emergencia, es hora de crear un plan concreto para construir el suyo. El siguiente ejercicio les guiará paso a paso para que puedan alcanzar su meta de manera efectiva y sin estrés.

Instrucciones para el ejercicio:

1. Determinen su meta: Calculen sus gastos básicos mensuales (alquiler/hipoteca, comida, transporte, seguros, etc.). Multipliquen ese monto por tres o seis meses, según lo que consideren necesario para sentirse seguros.

2. Dividan la meta en cantidades manejables: Establezcan un plan mensual o semanal para ahorrar una cantidad fija. Esto les permitirá ver el progreso y mantener la motivación.

3. Automatización: Configuren una transferencia automática para que el dinero se envíe directamente a una cuenta de ahorros separada.

4. Revisen su progreso regularmente: Cada mes, revisen cuánto han ahorrado y hagan los ajustes necesarios si es que han tenido gastos imprevistos o si quieren acelerar el proceso.

Este ejercicio les dará un plan claro para crear su fondo de emergencia sin sacrificar su calidad de vida, y les proporcionará la tranquilidad de estar preparados para lo inesperado.

Las parejas que construyen juntas un fondo de emergencia, construyen una vida sin miedo al mañana.

Crear un fondo de emergencia es uno de los mejores regalos que pueden darse como pareja. No solo es una inversión en su bienestar financiero, sino también en la paz y estabilidad de su relación. Al preparar este colchón financiero, están tomando una decisión sabia que los protegerá de futuras adversidades, permitiéndoles enfocarse en las cosas que realmente importan: su amor, su familia y sus sueños compartidos.

Recuerden, como dice Filipenses 4:6-7: "No se preocupen por nada; más bien, en toda ocasión, con oración y ruego, presenten sus peticiones a Dios y denle gracias. Y la paz de Dios, que sobrepasa todo entendimiento, cuidará sus corazones y sus pensamientos en Cristo Jesús.". Con un fondo de emergencia sólido, pueden enfrentar lo que venga con la confianza de que están preparados, no solo financieramente, sino también emocional y espiritualmente.

CAPÍTULO 5: SALIR DE DEUDAS: UN PROYECTO EN PAREJA

> "LOS RICOS SON LOS AMOS DE LOS POBRES; LOS DEUDORES SON ESCLAVOS DE SUS ACREEDORES."
>
> —PROVERBIOS 22:7

La deuda es como una cadena invisible que aprisiona tus finanzas y, muchas veces, tu relación. Las parejas cargadas de deudas suelen enfrentar más estrés, discusiones y preocupaciones, porque no importa cuánto trabajen o ganen, parece que nunca es suficiente. Cuando hay deudas, hay una presión constante que afecta no solo la cartera, sino también la paz en el hogar. El camino hacia la libertad financiera comienza con la decisión de liberarse de estas cadenas y, lo más importante, hacerlo juntos.

Como dice Proverbios 22:7, "Los ricos son los amos de los pobres; los deudores son esclavos de sus acreedores" Vivir endeudado es vivir bajo el yugo de otros. Pero hay esperanza. La deuda no es un destino permanente; es una situación temporal que puede revertirse con compromiso, trabajo en equipo y un plan claro. En este capítulo, aprenderán cómo trabajar juntos para eliminar sus deudas y, en el proceso, fortalecer su relación.

El Enemigo Común: ¿Cómo las Deudas Destruyen Relaciones?

Las deudas tienen una forma disimulada de sembrar discordia entre las parejas. Los estudios demuestran que las finanzas son una de las principales causas de estrés y rupturas en las relaciones. Sin embargo, cuando ambos ven a la deuda como un "enemigo común" y no como una falla personal, pueden unirse para luchar contra ella.

Santiago 1:5 nos dice: "Si a alguno de ustedes le falta sabiduría, pídasela a Dios y él se la dará, pues Dios da a todos generosamente sin menospreciar a nadie". Al enfrentar la deuda, no se trata solo de números; se trata de tomar decisiones sabias y conscientes, y Dios nos da esa sabiduría si la pedimos.

En lugar de permitir que la deuda los divida, véanla como un reto que pueden superar juntos. La deuda es el obstáculo que se interpone entre ustedes y sus metas financieras, pero con un plan y unidad, pueden derribarlo.

Estrategias Efectivas para Eliminar Deudas en Pareja

La clave para eliminar la deuda es tener una estrategia clara. Aquí les presento dos métodos probados que muchas parejas han utilizado con éxito: el método de la bola de nieve y el método de la avalancha.

El Método de la Bola de Nieve

Este método se enfoca en pagar las deudas más pequeñas primero, independientemente de la tasa de interés. El objetivo es generar impulso a medida que eliminan las pequeñas deudas, lo que les da una sensación de logro y motivación para seguir adelante. Tal como dice Lucas 16:10, "El que es fiel en lo poco también lo será en lo mucho; y el que no es honrado en lo poco tampoco lo será en lo mucho". Al ser diligentes en las pequeñas deudas, están preparando el camino para manejar las más grandes.

¿Cómo funciona?:

1. Hagan una lista de todas sus deudas, desde la más pequeña hasta la más grande.

2. Pongan todo el dinero adicional disponible en la deuda más pequeña, mientras pagan solo el mínimo en las demás.

3. Una vez que salden la deuda más pequeña, tomen el dinero que usaban para esa deuda y añádanlo a los pagos de la siguiente más pequeña.

4. Repitan este proceso hasta que todas las deudas estén saldadas.

El Método de la Avalancha

Este método se enfoca en pagar primero las deudas con las tasas de interés más altas. Aunque puede tardar más en ver avances, este método puede ahorrarles más dinero a largo plazo, ya que reducen el interés acumulado. Es un enfoque más eficiente desde el punto de vista financiero, pero requiere paciencia y disciplina.

¿Cómo funciona?:

1. Hagan una lista de todas sus deudas, ordenadas por la tasa de interés, de mayor a menor.

2. Pongan todo el dinero adicional en la deuda con la tasa de interés más alta, mientras pagan solo el mínimo en las demás.

3. Una vez que salden la deuda con la tasa de interés más alta, tomen ese dinero y añádanlo al pago de la siguiente en la lista.

4. Continúen este proceso hasta que estén libres de deudas.

Consejo práctico: Juntos, decidan cuál de estos dos métodos se adapta mejor a su situación. No hay una respuesta correcta o incorrecta; lo importante es que elijan una estrategia que ambos puedan seguir y mantenerse enfocados hasta el final.

El Método de la Bola de Nieve y la Avalancha: ¿Cuál es el Mejor para Ustedes?

Cada pareja es diferente, y lo que funciona para una, puede no ser ideal para otra. Al elegir entre el método de bola de nieve o la avalancha, consideren lo que les dará más paz y motivación. Si necesitan ver victorias rápidas para mantenerse motivados, el método de la bola de nieve puede ser la mejor opción. Si están más enfocados en ahorrar dinero a largo plazo y pueden manejar una recompensa más tardía, el método de la avalancha podría ser su mejor opción.

Romanos 12:2 nos dice: "No se amolden al mundo actual, sino sean transformados mediante la renovación de su mente. Así podrán comprobar cómo es la voluntad de Dios: buena, agradable y perfecta". El proceso de salir de deudas no solo transformará sus finanzas, sino también su mentalidad. Se darán cuenta de que cada paso que den los acerca más a la libertad y a una nueva forma de ver el dinero.

Ambos métodos son poderosos, y lo más importante es que trabajen juntos en la decisión. No se trata de quién tiene la mejor idea o la razón, sino de apoyarse mutuamente y mantenerse unidos en el proceso.

Celebrar Juntos los Logros Financieros

Cada deuda que eliminen es una victoria, y esas victorias deben ser celebradas. No tienen que esperar hasta que todas las deudas estén pagadas para reconocer su progreso. Cada pequeña deuda eliminada es un paso hacia la libertad, y reconocerlo les ayudará a mantenerse motivados.

Efesios 5:20 nos recuerda: "dando siempre gracias a Dios el Padre por todo, en el nombre de nuestro Señor Jesucristo". Agradezcan por cada logro financiero, grande o pequeño. Cada vez que eliminen una deuda, tómense un momento para celebrar, agradecer a Dios por su provisión y reconocer el trabajo en equipo que los llevó allí.

Las celebraciones no tienen que ser costosas. Puede ser algo tan simple como una cena casera especial, un paseo en pareja o simplemente un día libre de preocupaciones financieras. Lo importante es que se tomen el tiempo para reconocer su progreso y renovarse para el siguiente paso.

Ejercicio: Elaborar un Plan de Eliminación de Deudas

Ahora que comprenden las estrategias para salir de deudas, es momento de crear un plan concreto. Este ejercicio les ayudará a organizar sus deudas y priorizarlas para que puedan comenzar a pagarlas de manera efectiva.

Instrucciones para el ejercicio:
1. Hagan una lista de todas sus deudas: Incluyan el saldo pendiente, la tasa de interés y el pago mínimo de cada una.
2. Elijan su método: Decidan juntos si van a usar el método de la bola de nieve o el de la avalancha.
3. Establezcan un plan de pago: Determinen cuánto dinero adicional pueden destinar cada mes para pagar las deudas, además de los pagos mínimos.
4. Monitoreen su progreso: Revisen su plan mensualmente para asegurarse de que están en el camino correcto y ajusten según sea necesario.
5. Celebren cada deuda pagada: Cada vez que eliminen una deuda, marquen la victoria y sigan adelante con la siguiente.

Este ejercicio no solo les permitirá tomar el control de sus deudas, sino que también fortalecerá su relación al trabajar juntos para alcanzar una meta compartida.

Cada deuda que eliminan es una carga menos que lleva su relación hacia la cima

Salir de deudas es un proceso que requiere esfuerzo y disciplina, pero cuando lo hacen como equipo, el camino se hace más fácil. Al eliminar sus deudas, estarán recuperando el control de sus finanzas y liberándose del peso que las deudas imponen. Este es un paso fundamental en su viaje hacia la libertad financiera, y el impacto positivo que tendrá en su relación será inmenso.

Recuerden las palabras de Proverbios 3:9-10: "Honra al Señor con tus riquezas y con los primeros frutos de tus cosechas. Así tus graneros se llenarán a reventar y tus bodegas rebosarán de vino nuevo.". Al salir de deudas y honrar a Dios en sus finanzas, experimentarán no solo libertad, sino también bendición y abundancia en su vida y relación.

CAPÍTULO 6: INVERSIONES EN PAREJA: CREANDO UN FUTURO JUNTOS

"EL HOMBRE DE BIEN DEJA HERENCIA A SUS NIETOS; LAS RIQUEZAS DEL PECADOR SE QUEDAN PARA LOS JUSTOS."

—PROVERBIOS 13:22

Invertir es uno de los pasos más emocionantes y poderosos en el camino hacia la libertad financiera. Es el acto de sembrar hoy para cosechar mañana. Como pareja, las inversiones no solo les permiten hacer crecer su dinero, sino también les proporcionan seguridad, estabilidad y la posibilidad de crear un futuro lleno de oportunidades para ustedes y sus seres queridos.

La Biblia nos recuerda en Proverbios 13:22 que un buen hombre (y por supuesto, una buena mujer) deja herencia a sus hijos y a sus nietos. Esto no significa solo herencias financieras, sino también el legado de sabiduría en la administración de los recursos que Dios nos ha dado. Invertir sabiamente es una manera de multiplicar esos recursos, asegurando que sus esfuerzos rindan frutos a largo plazo.

En este capítulo, aprenderán cómo pueden empezar a invertir como pareja, cómo tomar decisiones informadas y cómo mantenerse enfocados en sus metas a largo plazo, todo mientras fortalecen su relación.

¿Qué Inversiones Son Adecuadas para Ustedes?
Conociendo el Perfil de Riesgo en Pareja

Antes de invertir, es importante que ambos comprendan cuál es su perfil de riesgo. El perfil de riesgo se refiere a cuánto riesgo están dispuestos a asumir en sus inversiones. Algunos prefieren inversiones más seguras, aunque tengan rendimientos menores, mientras que otros están dispuestos a asumir riesgos más altos para obtener mayores ganancias. Como pareja, es clave que discutan y lleguen a un acuerdo sobre el nivel de riesgo con el que ambos se sientan cómodos.

Lucas 14:28 nos dice: "Supongamos que alguno de ustedes quiere construir una torre. ¿Acaso no se sienta primero a calcular el costo para ver si tiene suficiente dinero para terminarla?". Esto es esencial en el mundo de las inversiones. Antes de lanzarse, deben calcular no solo los costos, sino también los riesgos. La clave es encontrar un equilibrio entre el riesgo y el rendimiento que les permita avanzar hacia sus metas financieras sin comprometer su paz mental.

Preguntas clave para definir su perfil de riesgo:
1. ¿Cuánto tiempo tienen para invertir antes de necesitar acceder al dinero?
2. ¿Cuál es su tolerancia emocional al riesgo? ¿Cómo se sentirían si el valor de sus inversiones bajara temporalmente?

3. ¿Qué tan diversificados están sus ingresos? ¿Dependen solo de sus empleos o tienen otras fuentes de ingresos?

Inversiones Inmobiliarias, Bonos y Fondos: Estrategias para Parejas Inversoras

Una vez que han definido su perfil de riesgo, es hora de explorar las diferentes opciones de inversión disponibles. Cada una tiene sus ventajas y desventajas, y lo ideal es que su portafolio esté diversificado, es decir, que no pongan todos sus huevos en una sola canasta. Es importante saber que cuando hablo de diversificación no es necesariamente invertir en diferentes vehículos económicos. Cada vehículo económico tiene sub-divisiones que nos permiten diversificar en la misma línea de inversión.

Aquí les presento tres de las principales opciones de inversión que las parejas suelen considerar:

Inversiones Inmobiliarias

Invertir en bienes raíces ha sido tradicionalmente una de las maneras más confiables de generar riqueza a largo plazo. Ya sea que compren una propiedad para alquilar o para vivir, el mercado inmobiliario les ofrece la posibilidad de generar ingresos pasivos y aumentar el valor de su inversión con el tiempo. Sin embargo, también es importante recordar que el mercado inmobiliario puede ser volátil y requiere tiempo y esfuerzo para gestionar adecuadamente.

Bonos

Los bonos son inversiones de bajo riesgo, ideales para aquellos que prefieren la estabilidad. Al comprar bonos, básicamente están prestando dinero a gobiernos o empresas, que luego les pagarán intereses durante un período determinado. Aunque el retorno es generalmente más bajo que en otras inversiones, los bonos son una excelente manera de proteger su capital y generar ingresos predecibles.

Fondos Mutuos o Fondos Indexados
Los fondos mutuos y los fondos indexados son opciones populares para las parejas que buscan diversificar sus inversiones sin tener que gestionar cada acción individualmente. Al invertir en estos fondos, compran pequeñas porciones de muchas empresas diferentes, lo que reduce el riesgo. Además, son gestionados por profesionales, lo que facilita la inversión para quienes no quieren involucrarse activamente en la gestión diaria de su portafolio.

Como dice Eclesiastés 11:2: "Comparte lo que tienes entre siete, y aun entre ocho, pues no sabes qué calamidad pueda venir sobre la tierra". Este versículo nos recuerda la importancia de la diversificación. No pongan todo su dinero en un solo tipo de inversión. Diversificar sus inversiones reduce el riesgo y les permite protegerse de cualquier eventualidad.

Crecer Juntos a Largo Plazo: El Poder del Interés Compuesto

Uno de los principios más poderosos en el mundo de las inversiones es el interés compuesto. El interés compuesto es cuando las ganancias de su inversión generan más ganancias, lo que crea un ciclo de crecimiento exponencial con el tiempo. Mientras más tiempo permanezca su dinero invertido, más crecerá.

Proverbios 13:11 nos enseña: "El dinero mal habido pronto se acaba; quien ahorra, poco a poco se enriquece.". Este es el principio detrás del interés compuesto. Las riquezas no se construyen de la noche a la mañana, pero con consistencia y paciencia, su dinero crecerá de manera exponencial a lo largo de los años.

Ejemplo: Si invierten $1,000 al año durante 30 años a una tasa de interés del 7%, su inversión podría crecer a más de $94,000. Esto demuestra el poder del tiempo y el interés compuesto.

La clave es mantenerse constantes, reinvirtiendo las ganancias y permitiendo que el tiempo haga su trabajo. Como pareja, cuanto antes empiecen a invertir y cuanto más tiempo mantengan su dinero trabajando para ustedes, mayores serán las recompensas.

Revisar y Ajustar: Un Plan de Inversiones Conjuntas

Aunque es importante ser consistentes con sus inversiones, también es necesario revisarlas y ajustarlas con el tiempo. Las circunstancias cambian, las metas evolucionan y los mercados fluctúan. Por eso, cada cierto tiempo (al menos una vez al año), deben sentarse como pareja para revisar su portafolio y asegurarse de que está alineado con sus objetivos a largo plazo.

Santiago 1:5 nos recuerda que, si nos falta sabiduría, debemos pedirla a Dios. Esta sabiduría incluye la capacidad de discernir cuándo es momento de ajustar nuestras inversiones y cuándo es mejor mantener el rumbo. No se trata de hacer cambios impulsivos, sino de tomar decisiones bien informadas y alineadas con sus metas.

Al revisar su plan de inversiones, consideren:
- Si sus metas han cambiado desde que empezaron a invertir.
- Si su perfil de riesgo sigue siendo el mismo.
- Cómo ha evolucionado su situación financiera.

Ejercicio: Definir sus Objetivos de Inversión a Largo Plazo

Ahora que comprenden los conceptos básicos de inversión, es hora de definir sus propios objetivos como pareja. Este ejercicio les ayudará a identificar qué quieren lograr con sus inversiones y qué pasos tomar para llegar allí.

Instrucciones para el ejercicio:
1. Definan sus metas: Tomen un tiempo para hablar sobre lo que quieren lograr con sus inversiones. ¿Quieren ahorrar para la jubilación, comprar una casa, o tal vez financiar la educación de sus hijos?
2. Establezcan un plazo: Determinen cuánto tiempo planean mantener su dinero invertido antes de necesitarlo.
3. Decidan su perfil de riesgo: Basado en lo que han aprendido, discutan y acuerden cuál es el nivel de riesgo con el que ambos se sienten cómodos.

4. Elijan sus inversiones: Investiguen juntos las opciones de inversión que mejor se adapten a sus metas y perfil de riesgo.

5. Establezcan un plan de seguimiento: Programen una revisión de su portafolio al menos una vez al año para ajustar sus inversiones según sea necesario.

Este ejercicio les permitirá establecer una base sólida para sus inversiones y les ayudará a mantenerse enfocados en sus objetivos a largo plazo.

El éxito financiero de una pareja no está en cuánto dinero ganan, sino en cómo lo invierten para un futuro común.

Invertir en pareja no solo les brinda la oportunidad de hacer crecer su dinero, sino que también refuerza su compromiso de construir un futuro juntos. Al tomar decisiones financieras conjuntas, se convierten en socios en su éxito financiero, ayudándose mutuamente a mantenerse enfocados en el largo plazo.

Recuerden las palabras de Eclesiastés 3:1: "Todo tiene su momento oportuno; hay tiempo para todo lo que se hace bajo el cielo". Las inversiones también requieren tiempo y paciencia. A medida que construyan su portafolio, verán cómo sus decisiones de hoy preparan el terreno para el mañana.

CAPÍTULO 7: LA PLANIFICACIÓN FINANCIERA PARA EL FUTURO

"Los planes bien pensados producen ganancias; los apresurados traen pobreza."
—Proverbios 21:5

Uno de los mayores regalos que pueden darse como pareja es la capacidad de planificar para el futuro. La planificación financiera no solo les permite asegurar el bienestar de su hogar, sino también les da la tranquilidad de saber que están preparados para lo que venga. Esto va más allá del ahorro; se trata de asegurarse de que ambos están protegidos y que sus metas a largo plazo están alineadas con sus sueños.

Como dice Proverbios 21:5, "Los planes bien pensados producen ganancias". La planificación financiera es precisamente eso: diligencia en acción. No es solo algo que deben hacer una vez, sino que debe ser un proceso continuo de ajuste, reflexión y acción. Este capítulo está diseñado para ayudarles a crear un plan financiero sólido para el futuro, que cubra aspectos esenciales como el retiro, la protección de su familia y la creación de un legado duradero.

Planificación de Retiro: Asegurar la Paz Financiera en la Vejez

Uno de los aspectos más importantes de la planificación financiera es prepararse para la jubilación. En algún momento, dejarán de trabajar activamente, y es esencial que tengan los recursos necesarios para disfrutar de esta etapa sin preocupaciones económicas. Ahorrar para el retiro es una de las mejores decisiones que pueden tomar juntos, porque les asegura que tendrán una vida plena cuando llegue el momento de descansar.

Como dice Jeremías 29:11: "Porque yo conozco los planes que tengo para ustedes —afirma el Señor—, planes de bienestar y no de calamidad, a fin de darles un futuro y una esperanza". Dios tiene un plan de bienestar para sus vidas, y parte de ese bienestar incluye estar financieramente preparados para el futuro.

Pasos clave para la planificación de retiro:
1. Definir su meta: Determinen a qué edad les gustaría jubilarse y cuál será el estilo de vida que desean mantener durante esa etapa.
2. Ahorrar consistentemente: Utilicen herramientas como planes de jubilación, cuentas de ahorro de largo plazo e inversiones específicas para el retiro.
3. Revisar regularmente: A medida que avanza el tiempo, revisen sus metas de retiro y ajusten según sea necesario. Recuerden que no es una meta estática; sus necesidades y deseos pueden cambiar.

Seguros y Protección Financiera en Pareja

Ningún plan financiero está completo sin una estrategia de protección. Los seguros son una parte vital de la planificación financiera, ya que les brindan seguridad en caso de eventos inesperados como enfermedades graves, accidentes o el fallecimiento de uno de los miembros de la pareja. Aunque no siempre es agradable hablar de estos temas, es esencial que estén preparados para lo inesperado.

Santiago 4:14 nos recuerda: "¡Y eso que ni siquiera saben qué sucederá mañana! ¿Qué es su vida? Ustedes son como la niebla que aparece por un momento y luego se desvanece." No podemos predecir el futuro, pero sí podemos preparanos para él. Los seguros les permiten protegerse de las incertidumbres de la vida y asegurar el bienestar de su familia, incluso cuando no puedan estar presentes.

Tipos de seguros esenciales:

- Seguro de vida: Asegura que, en caso de fallecimiento, su pareja y seres queridos estén financieramente protegidos.

- Seguro de salud: Cubre gastos médicos inesperados que podrían afectar gravemente sus finanzas.

- Seguro por discapacidad: Les protege si uno de ustedes queda incapacitado para trabajar.

- Seguro de hogar o propiedad: Protege sus activos más valiosos, como su casa, en caso de desastres o accidentes.

Legados y Herencias: Qué Dejar y Cómo Prepararse

Parte de la planificación financiera incluye pensar en el legado que quieren dejar. No solo se trata de dinero, sino del impacto duradero que quieren tener en la vida de sus seres queridos y, si lo desean, en sus comunidades. Como pareja, es importante que piensen en cómo quieren ser recordados y qué tipo de herencia desean dejar, tanto material como espiritual.

Proverbios 13:22 nos dice: "El hombre de bien deja herencia a sus nietos; las riquezas del pecador se quedan para los justos". Su legado es algo que trasciende su vida y que puede bendecir a futuras generaciones. Invertir tiempo y recursos en planificar cómo será esa herencia les permite hacerlo de manera intencional y significativa.

Pasos clave para dejar un legado duradero:
1. Testamento y planificación patrimonial: Asegúrense de tener un testamento en el que detallen cómo desean distribuir sus bienes y quién será responsable de ejecutar su voluntad.
2. Donaciones y filantropía: Si desean dejar un impacto en su comunidad, consideren establecer fondos de caridad o hacer donaciones que reflejen sus valores.
3. Inversiones para futuras generaciones: Piensen en cómo sus inversiones actuales pueden beneficiar a sus hijos y nietos, ya sea a través de cuentas de ahorro para la universidad o fondos de inversión a largo plazo.

Creando un Mapa Financiero su Vida Juntos

La planificación financiera a largo plazo requiere un mapa. No es solo una serie de metas, sino un plan detallado que les guíe en cada etapa de la vida. Este mapa financiero debe incluir logros importantes, como el pago de deudas, la compra de una casa, la planificación de la educación de los hijos, y la jubilación. Al tener una visión clara de su futuro financiero, podrán avanzar con confianza, sabiendo que están siguiendo un plan.

Como dice Proverbios 16:3: "Pon en manos del Señor todas tus obras y tus proyectos se cumplirán.". Al crear su mapa financiero y confiar en que Dios los guiará, estarán en el camino correcto para lograr sus sueños.

Elementos clave del mapa financiero:

- Corto plazo: ¿Qué metas financieras desean alcanzar en los próximos 1-2 años? Esto puede incluir eliminar deudas, establecer un fondo de emergencia o realizar una compra importante.
- Mediano plazo: Estas metas abarcan entre 3 y 5 años. Tal vez quieran ahorrar para la educación de sus hijos, comprar una casa más grande o comenzar un negocio.
- Largo plazo: Incluye metas a 10 años o más, como la jubilación, la planificación de herencias y la consolidación de inversiones a largo plazo.

Al crear este mapa, se asegurarán de que cada paso financiero que tomen esté alineado con su visión de futuro.

Ejercicio: Planificar su Futuro Financiero Juntos

Para poner en práctica lo que han aprendido en este capítulo, es esencial que trabajen juntos para crear su propio plan financiero a largo plazo. Este ejercicio les permitirá visualizar su futuro y definir las acciones concretas que deben tomar para alcanzarlo.

Instrucciones para el ejercicio:
1. Definan sus metas a corto, mediano y largo plazo: Escriban lo que desean lograr financieramente en cada etapa de la vida.
2. Cree un presupuesto para cada meta: Determinen cuánto necesitarán para alcanzar esas metas y cómo piensan obtener esos recursos.
3. Revisen y ajusten regularmente: Establezcan una reunión anual para revisar su progreso y ajustar sus planes según sea necesario.

Este ejercicio no solo los acercará como pareja, sino que también les dará una hoja de ruta clara hacia un futuro financiero estable y lleno de oportunidades.

El éxito financiero es la libertad de planificar el futuro sin preocupaciones, sabiendo que ambos están protegidos.

La planificación financiera es una de las decisiones más sabias que pueden tomar como pareja. No solo les da la tranquilidad de estar preparados para lo inesperado, sino que también les permite construir un futuro sólido y lleno de posibilidades. Al tomar el control de su futuro financiero, están tomando el control de su vida, y eso es una bendición inmensa.

Recuerden las palabras de Proverbios 16:9: "El corazón del hombre traza su rumbo, pero sus pasos los dirige el Señor." Al seguir su plan financiero, confíen en que Dios los guiará y bendecirá cada paso que den juntos.

CAPÍTULO 8: DESAFÍOS FINANCIEROS EN PAREJA Y CÓMO SUPERARLOS

"CON SABIDURÍA SE CONSTRUYE LA CASA; CON INTELIGENCIA SE ECHAN LOS CIMIENTOS".

—PROVERBIOS 24:3

Cada pareja, sin importar cuán sólida sea, enfrentará desafíos financieros en algún momento de su vida. La vida está llena de altibajos, y las finanzas no son la excepción. Desde gastos imprevistos hasta diferencias en la forma de manejar el dinero, estos desafíos pueden generar tensión en la relación si no se abordan adecuadamente. Pero con sabiduría y un enfoque conjunto, pueden transformar esas dificultades en oportunidades para fortalecer su unión y avanzar en sus metas.

En este capítulo, exploraremos algunos de los desafíos financieros más comunes que enfrentan las parejas y cómo pueden superarlos juntos, con amor, paciencia y un plan claro. Como dice Proverbios 24:3, es con sabiduría y inteligencia que una casa se construye. Al aplicar estos principios a sus finanzas, no solo construirán estabilidad económica, sino también una relación más fuerte y resistente.

Manejo de Gastos Imprevistos sin Generar Conflicto

Ninguna pareja puede predecir todos los gastos que tendrá en el futuro. Emergencias médicas, reparaciones en el hogar o en el automóvil, o incluso una oportunidad de inversión inesperada pueden poner presión en su presupuesto. Si no están preparados, estos gastos pueden generar conflicto y estrés.

En Filipenses 4:6-7, se nos dice: "No se preocupen por nada; más bien, en toda ocasión, con oración y ruego, presenten sus peticiones a Dios y denle gracias. Y la paz de Dios, que sobrepasa todo entendimiento, cuidará sus corazones y sus pensamientos en Cristo Jesús." En lugar de preocuparse por lo inesperado, deben estar preparados y mantener la calma al enfrentar estas situaciones.

La clave para manejar los gastos imprevistos sin conflicto es tener un fondo de emergencia adecuado y una comunicación abierta. Si ya han establecido un colchón financiero, pueden abordar estos gastos sin entrar en pánico o tomar decisiones precipitadas. Si aún no tienen uno, este es el momento de empezar a construirlo.

Consejo práctico: Cuando enfrenten un gasto inesperado, hablen abiertamente sobre cómo cubrirlo y cuál será el impacto en sus otras metas financieras. Traten el problema como un equipo y eviten culparse mutuamente por la situación.

¿Cómo Tratar Diferencias Financieras sin Desgastar la Relación?

Cada persona tiene una forma diferente de ver el dinero. Tal vez uno de ustedes sea más propenso a ahorrar mientras que el otro prefiere disfrutar del presente y gastar. Estas diferencias, si no se manejan bien, pueden convertirse en una fuente constante de conflicto. Sin embargo, estas mismas diferencias también pueden ser una bendición si aprenden a complementarse mutuamente.

Amós 3:3 nos recuerda: "¿Pueden dos caminar juntos sin antes ponerse de acuerdo?". La clave para caminar juntos es llegar a acuerdos sobre cómo manejar sus finanzas. Esto no significa que deban estar de acuerdo en todo, pero sí que deben encontrar un punto medio que satisfaga a ambos.

Aquí es donde la comunicación juega un papel fundamental. Si uno de ustedes es más gastador, tal vez se trate de establecer límites claros que permitan disfrutar de la vida sin poner en peligro las metas a largo plazo. Si uno es más ahorrador, puede aprender a soltar un poco y permitirse ciertos placeres, sabiendo que tienen un plan financiero sólido.

Consejo práctico: Reúnanse regularmente para hablar sobre sus prioridades financieras y asegurarse de que ambos están alineados. Si sienten que una diferencia está causando fricción, hablen de ella antes de que se convierta en un problema mayor.

Superar Obstáculos con Amor y Paciencia

No importa cuán bien planifiquen sus finanzas, habrá momentos en los que enfrentarán obstáculos que están fuera de su control. Pueden ser problemas de salud, pérdida de empleo o cambios económicos. En estos momentos, es fácil caer en la desesperación o en la culpa mutua, pero la Biblia nos recuerda en 1 Corintios 13:7 que el amor "Todo lo disculpa, todo lo cree, todo lo espera, todo lo soporta.".

Superar los obstáculos financieros requiere un enfoque paciente y amoroso. En lugar de centrarse en el problema, deben concentrarse en la solución y recordar que son un equipo. Abordar estas dificultades con amor y paciencia no solo los ayudará a superarlas, sino que también fortalecerá su relación.

Uno de los mayores desafíos que las parejas enfrentan es la pérdida de empleo. Esta situación puede generar un gran impacto en las finanzas y en la autoestima. En estos casos, es importante apoyarse mutuamente, planificar cómo ajustarán su presupuesto y recordar que esta es una situación temporal.

Consejo práctico: Durante los momentos difíciles, tómense el tiempo para orar juntos y recordar que Dios está con ustedes, incluso en las pruebas. La paciencia y el amor son las herramientas más poderosas que tienen para superar cualquier obstáculo.

Consejos para Mantener la Calma Financiera en Momentos de Crisis

Los momentos de crisis pueden poner a prueba incluso a las parejas más fuertes. Ya sea una recesión económica, una emergencia de salud o una inversión que no resultó como esperaban, es natural sentir ansiedad o miedo. Sin embargo, es en estos momentos cuando más necesitan mantener la calma y recordar que el control de sus finanzas no depende solo de las circunstancias externas, sino de cómo reaccionan ante ellas.

Isaías 41:10 nos anima: "Así que no temas, porque yo estoy contigo; no te angusties, porque yo soy tu Dios. Te fortaleceré y te ayudaré; te sostendré con la diestra de mi justicia.". En tiempos de crisis, deben aferrarse a la promesa de que no están solos. Dios está con ustedes, y con Su ayuda, pueden superar cualquier situación.

Estrategias para mantener la calma durante una crisis financiera:

1. Enfocarse en lo que pueden controlar: No pueden cambiar la economía global, pero sí pueden controlar su presupuesto, sus hábitos de gasto y cómo administran sus recursos.

2. Revisar y ajustar el plan: Si la crisis ha alterado sus metas financieras, ajusten su plan sin pánico. Vean dónde pueden recortar temporalmente y qué medidas pueden tomar para minimizar el impacto.

3. Evitar decisiones impulsivas: Es fácil tomar decisiones apresuradas durante una crisis, pero estas decisiones suelen

ser las menos acertadas. Manténganse calmados y tómense el tiempo para evaluar todas las opciones antes de actuar.

Ejercicio: Desarrollar un Plan de Contingencia Financiera

El mejor momento para prepararse para una crisis es antes de que ocurra. Este ejercicio les ayudará a crear un plan de contingencia financiera que les permita enfrentar cualquier desafío que la vida les presente con calma y seguridad.

Instrucciones para el ejercicio:

1. Identifiquen posibles escenarios de crisis: ¿Qué harían si uno de ustedes pierde su empleo? ¿Cómo enfrentarían una emergencia médica inesperada? Piensen en los escenarios más probables y cómo les afectarían financieramente.
2. Establezcan un fondo de contingencia: Además de su fondo de emergencia regular, consideren tener un fondo adicional destinado a enfrentar crisis a largo plazo o de mayor magnitud.
3. Revisen su cobertura de seguros: Asegúrense de que tienen los seguros necesarios para protegerse ante una crisis, como el seguro de vida, de salud o de incapacidad.
4. Ajusten su presupuesto: Creen un plan para ajustar su presupuesto en caso de una crisis. Esto incluye identificar los gastos que podrían reducir o eliminar temporalmente.

Este ejercicio les dará la tranquilidad de saber que están preparados para lo inesperado, y les permitirá enfrentar cualquier crisis con una actitud proactiva y confiada.

Las parejas fuertes no son las que nunca caen, sino las que se levantan juntas después de cada obstáculo financiero.

Los desafíos financieros son inevitables, pero la forma en que los enfrentan es lo que marcará la diferencia en su relación y en su futuro financiero. Al aprender a abordar estos problemas como equipo, con amor, paciencia y un plan claro, estarán mejor preparados para superar cualquier obstáculo que la vida les presente.

Recuerden siempre las palabras de Filipenses 4:13: "Todo lo puedo en Cristo que me fortalece." Con fe, diligencia y el apoyo mutuo, no hay desafío que no puedan superar juntos.

CAPÍTULO 9: EL ÉXITO FINANCIERO COMO UNA PAREJA PRÓSPERA

"EL SEÑOR ABRIRÁ LOS CIELOS, SU GENEROSO TESORO, PARA DERRAMAR A SU DEBIDO TIEMPO LA LLUVIA SOBRE LA TIERRA Y PARA BENDECIR TODO EL TRABAJO DE TUS MANOS. TÚ PRESTARÁS A MUCHAS NACIONES, PERO NO TOMARÁS PRESTADO DE NADIE."

—DEUTERONOMIO 28:12

El éxito financiero no es solo una cuestión de números, de cuánto dinero tienen en el banco o cuántas inversiones poseen. Es un estado en el que ustedes, como pareja, han alcanzado un equilibrio financiero que les permite vivir en paz, sin las ataduras del estrés económico y con la libertad de seguir sus sueños. Es un lugar donde las finanzas ya no son una fuente de tensión, sino una herramienta para construir una vida plena, estable y próspera.

El verdadero éxito financiero es aquel que está alineado con sus valores, sus metas y, lo más importante, con el propósito que Dios tiene para sus vidas. Como dice Deuteronomio 28:12, cuando siguen los principios correctos, el Señor abrirá las puertas de su tesoro y bendecirá las obras de sus manos. Este éxito no es solo para ustedes, sino para que también puedan ser de bendición a los demás.

En este capítulo, exploraremos qué significa realmente el éxito financiero en pareja, cómo pueden vivir una vida próspera juntos y cómo mantener ese éxito a largo plazo.

Definir el Éxito Financiero en Pareja

El primer paso hacia el éxito financiero en pareja es definir lo que significa para ustedes. El éxito financiero no es el mismo para todas las personas, y como pareja, deben establecer su propia definición basada en sus valores y metas. ¿Es vivir sin deudas? ¿Tener libertad para viajar? ¿Invertir en la educación de sus hijos? ¿O quizás es tener la capacidad de dar generosamente?

Proverbios 16:9 nos dice: "l corazón del hombre traza su rumbo, pero sus pasos los dirige el Señor." Definir el éxito financiero es como trazar un mapa; sin embargo, es Dios quien dirige sus pasos, así que su definición de éxito también debe alinearse con sus principios y su fe.

Consejo práctico: Tómense el tiempo para hablar sobre lo que significa para ustedes el éxito financiero. No se trata solo de alcanzar una meta económica, sino de lograr un equilibrio que les permita disfrutar la vida, cumplir con sus responsabilidades y, sobre todo, vivir en paz.

Crear Juntos un Estilo de Vida de Libertad Financiera

La libertad financiera no se trata de ganar mucho dinero, sino de tener el control sobre sus finanzas. Es la capacidad de vivir sin el peso de las deudas, de tener suficiente para cubrir sus necesidades y deseos, y de poder enfrentar lo inesperado con tranquilidad. En resumen, es la libertad de vivir la vida que desean sin preocuparse por el dinero.

Como pareja, deben diseñar juntos un estilo de vida que refleje esa libertad. Esto significa ser intencionales con cómo gastan, ahorran e invierten. Un estilo de vida de libertad financiera es uno que no depende de la apariencia externa, sino de un equilibrio interno en el que el dinero está alineado con sus prioridades.

En Mateo 6:21, Jesús nos recuerda: "Porque donde esté tu tesoro, allí estará también tu corazón". Su tesoro debe estar en las cosas que realmente valoran como pareja, y no en las distracciones que ofrece el mundo. La libertad financiera no se trata de tenerlo todo, sino de tener lo que realmente importa.

Consejo práctico: Definan juntos cuál es el estilo de vida que quieren llevar. ¿Qué cosas están dispuestos a sacrificar temporalmente para lograr esa libertad? ¿Qué metas a corto y largo plazo desean alcanzar para vivir sin preocupaciones financieras?

Impacto en los Demás: Ser un Ejemplo para Otros

Una vez que han alcanzado cierto nivel de éxito financiero, su responsabilidad no termina ahí. Al contrario, están llamados a ser un ejemplo para otros. Su éxito puede inspirar a otras parejas a seguir el mismo camino, y sus decisiones financieras pueden ser una luz en un mundo que a menudo se enfoca solo en la gratificación inmediata y el endeudamiento.

Como dice Mateo 5:16: "Hagan brillar su luz delante de todos, para que ellos puedan ver las buenas obras de ustedes y alaben a su Padre que está en los cielos." Sus finanzas, bien gestionadas, no solo traen paz y estabilidad a su hogar, sino que también pueden glorificar a Dios y servir como testimonio para los demás.

Parte de este impacto puede ser enseñar a otros lo que han aprendido. Ayuden a otras parejas a superar las barreras financieras que ustedes ya han enfrentado, compartan su conocimiento y, si es posible, den generosamente a quienes lo necesiten. Ser generosos es uno de los mayores frutos de haber logrado el éxito financiero.

Consejo práctico: Consideren de qué manera pueden influir positivamente en otras parejas o en su comunidad. Esto puede incluir desde consejos financieros hasta actos de generosidad, como apoyar una causa benéfica o ayudar a una pareja en necesidad.

¿Cómo Mantener la Disciplina Financiera a Largo Plazo?

Una de las mayores dificultades del éxito financiero es mantenerlo. Alcanzar la estabilidad financiera es un gran logro, pero conservarla requiere disciplina y constancia. Es fácil relajarse una vez que han logrado sus metas, pero deben ser diligentes para mantener el control sobre sus finanzas y seguir avanzando hacia nuevos objetivos.

Gálatas 6:9 nos dice: "No nos cansemos de hacer el bien, porque a su debido tiempo cosecharemos si no nos damos por vencidos". La disciplina financiera no es algo que se logra una sola vez; es una práctica diaria que, con el tiempo, produce frutos abundantes.

Claves para mantener la disciplina financiera:

- Revisar el presupuesto regularmente: Aunque ya hayan alcanzado sus metas, sigan revisando y ajustando su presupuesto. Asegúrense de que sus gastos siguen alineados con sus prioridades.

- Continuar ahorrando e invirtiendo: No se detengan una vez que hayan alcanzado sus metas de ahorro o inversión. Sigan construyendo su futuro financiero y explorando nuevas oportunidades.

- Mantener una actitud humilde y agradecida: Recuerden siempre que su éxito financiero es una bendición, y mantengan la humildad para no caer en el orgullo o la complacencia.

Consejo práctico: Establezcan una rutina anual para revisar su plan financiero, sus inversiones y sus metas. Esta disciplina les permitirá mantenerse enfocados y corregir el rumbo si es necesario.

Ejercicio: Crear su Definición Personal de Éxito Financiero

Ahora que han llegado al final de este libro y han aprendido las herramientas necesarias para alcanzar el éxito financiero en pareja, es momento de que definan su propia versión de ese éxito. Este ejercicio les ayudará a establecer una visión clara de lo que significa para ustedes el éxito financiero y cómo van a mantenerlo a largo plazo.

1. Escriban su definición de éxito financiero: Cada uno, por separado, debe escribir lo que para él o ella significa el éxito financiero. ¿Es libertad de deudas? ¿Tener tiempo para disfrutar en familia? ¿Poder dar generosamente? Luego, comparen sus respuestas y busquen un punto en común.
2. Establezcan metas claras: A partir de su definición, tracen metas específicas que quieran alcanzar en los próximos 5, 10 y 20 años.
3. Determinen cómo van a mantener su éxito: Discutan qué hábitos y prácticas deben mantener para asegurar que su éxito financiero se sostenga a largo plazo.
4. Revisen su definición de éxito anualmente: A medida que avanzan, su definición de éxito puede evolucionar. Hagan de este ejercicio una revisión anual para ajustar sus metas según sea necesario.

Este ejercicio les ayudará a mantener una visión clara de lo que significa para ustedes el éxito financiero y les dará un propósito constante en su relación y en sus finanzas.

El éxito financiero en pareja es más que dinero, es la libertad de vivir los sueños que construyeron juntos.

El éxito financiero no se trata solo de dinero; se trata de vivir la vida que siempre han soñado, sin las ataduras de la deuda, el estrés o la incertidumbre financiera. Como pareja, han recorrido un largo camino para llegar hasta aquí, y el hecho de haber alcanzado este éxito es testimonio de su esfuerzo, amor y dedicación. Ahora, están llamados a disfrutar de esa libertad, a seguir construyendo su futuro y a ser una luz para los demás.

Recuerden siempre las palabras de 1 Timoteo 6:17-19: "A los ricos de este mundo, mándales que no sean arrogantes ni pongan su esperanza en las riquezas, que son tan inseguras, sino en Dios. Él nos provee de todo en abundancia para que lo disfrutemos. Mándales que hagan el bien, que sean ricos en buenas obras, generosos y dispuestos a compartir lo que tienen. De este modo, atesorarán para sí un seguro fundamento para el futuro y obtendrán la vida verdadera". Mantengan su enfoque en lo que verdaderamente importa: su fe, su amor y su compromiso de vivir una vida que refleje los principios de Dios en todas sus decisiones.

EPÍLOGO

A lo largo de estas páginas, hemos recorrido un camino juntos. Hemos explorado principios, estrategias y herramientas que pueden transformar no solo tus finanzas, sino también tu vida. Pero más allá de los números, los presupuestos y las inversiones, hay un mensaje más profundo que quiero dejarte: El éxito financiero está a tu alcance. No importa cuál sea tu situación financiera actual, no importa cuántas veces hayas caído o cuántos desafíos hayas enfrentado, el futuro sigue lleno de posibilidades.

A veces, la vida puede parecer un camino lleno de obstáculos, especialmente cuando las dificultades financieras se interponen en nuestro día a día. Pero quiero que recuerdes algo poderoso: las dificultades no son para siempre. De hecho, son nuestras mejores maestras. Cada tropiezo, cada revés, es una oportunidad para aprender, crecer y fortalecernos. Las pruebas financieras que enfrentas hoy no son el final, son el comienzo de algo nuevo y más grande.

El éxito financiero, como todo en la vida, es un viaje. Un viaje que no se trata solo de alcanzar metas monetarias, sino de construir un futuro lleno de libertad, paz y propósito. Es vivir una vida donde tus decisiones están alineadas con tus valores, donde el dinero se convierte en una herramienta para alcanzar tus sueños y no una fuente de preocupación constante. Y, lo más importante, es un viaje que nunca haces solo. Si has leído este libro con tu pareja, ya has dado el primer paso hacia un éxito compartido, uno que los fortalecerá y unirá aún más.

Sueña en grande. Nunca dejes de soñar, incluso cuando las circunstancias parezcan difíciles. Los sueños no son lujos reservados para unos pocos; son el motor que nos impulsa a levantarnos cada día, a superar las barreras y a alcanzar lo que parecía imposible. Pero soñar en grande no significa solo pensar en lo que podrías hacer; significa tener el valor de actuar, de tomar decisiones hoy que te acerquen a ese futuro que tanto deseas.

Sé que el camino no siempre es fácil. Habrá momentos de duda, momentos en los que te preguntarás si vale la pena seguir luchando. Pero quiero que recuerdes esto: El éxito no es para los que nunca caen, sino para los que siempre se levantan. Cada desafío, cada obstáculo que enfrentes, es una oportunidad para redirigir tus pasos, ajustar tu rumbo y seguir avanzando con más sabiduría y determinación.

Las dificultades no son permanentes. Son temporadas que nos enseñan a ser más fuertes, más resilientes y, finalmente, más sabios. Es en las tormentas donde descubrimos lo que realmente somos capaces de lograr. Es en los momentos de prueba donde nuestra fe, nuestra fortaleza interior y nuestro amor se profundizan y nos preparan para recibir las bendiciones que vienen después.

Hoy te invito a que no solo sueñes con un futuro financiero mejor, sino que creas con todo tu corazón que es posible. Que tomes todo lo que has aprendido en estas páginas y lo pongas en práctica, paso a paso, día a día. Que te levantes cada mañana sabiendo que estás más cerca de la vida que deseas. Y que, aunque el camino pueda tener sus desafíos, cada uno de ellos es solo un escalón más hacia el éxito.

Recuerda siempre: tus sueños son valiosos. No los dejes de lado por el miedo o las dificultades del presente. Cada acción que tomes, por pequeña que sea, te acercará a esos sueños. Y mientras continúas en este viaje, no olvides que el verdadero éxito no es solo alcanzar una meta financiera, sino vivir una vida plena, llena de propósito y gratitud.

El arte de crecer juntos no termina aquí. Es un proceso continuo de aprendizaje, mejora y acción. Así que sigue adelante con fe, con esperanza y con el compromiso de hacer realidad tus sueños. El éxito está a tu alcance, y las mejores lecciones de la vida están en el camino que en el camino que recorremos. Tomar acción es una decisión de valientes.

GLOSARIO

Activos
Bienes o recursos que una persona posee y que tienen valor monetario. Los activos pueden ser físicos, como propiedades y vehículos, o financieros, como acciones y bonos.

Ahorro
La porción de ingresos que no se gasta y se guarda para el futuro. El ahorro es fundamental para la estabilidad financiera y la preparación para emergencias o metas a largo plazo.

Amortización
Proceso mediante el cual se paga una deuda en cuotas periódicas, que incluyen tanto el capital como los intereses. La amortización reduce el saldo pendiente de una deuda hasta que se liquida por completo.

Bola de Nieve (Método de Pago de Deudas)
Estrategia de pago de deudas en la que se priorizan las deudas más pequeñas primero para obtener victorias rápidas. Una vez que se paga una deuda, los fondos se destinan a la siguiente deuda en tamaño.

Bonos
Instrumentos financieros emitidos por gobiernos o empresas que permiten a los inversionistas prestar dinero a

cambio de pagos de interés periódicos. Los bonos suelen ser de bajo riesgo en comparación con las acciones.

Capital
El monto inicial invertido o prestado en una operación financiera. También se refiere a los recursos financieros totales disponibles para una persona o empresa.

Colchón Financiero
Fondo de emergencia que permite a una persona o pareja hacer frente a imprevistos financieros. Generalmente, se recomienda tener entre tres y seis meses de gastos básicos en un colchón financiero.

Crédito
Capacidad de una persona para pedir dinero prestado con la promesa de devolverlo en una fecha futura, generalmente con intereses.

Diversificación
Estrategia de inversión que consiste en distribuir el capital en diferentes tipos de activos para reducir el riesgo. "No pongas todos los huevos en una misma canasta" es una frase común que ilustra este concepto.

Fondo de Emergencia
Cantidad de dinero ahorrado para cubrir gastos imprevistos, como emergencias médicas, reparaciones de vivienda o pérdida de empleo. Un fondo de emergencia adecuado debe cubrir entre tres y seis meses de gastos.

Inflación

Incremento generalizado de los precios de bienes y servicios en una economía. La inflación reduce el poder adquisitivo del dinero a lo largo del tiempo.

Interés Compuesto

Interés que se calcula no solo sobre el capital inicial, sino también sobre los intereses acumulados en períodos anteriores. Es una de las fuerzas más poderosas para hacer crecer una inversión a largo plazo.

Liquidez

Capacidad de un activo de convertirse rápidamente en dinero en efectivo sin perder valor. Los activos altamente líquidos incluyen dinero en efectivo y cuentas bancarias; los menos líquidos son propiedades o inversiones a largo plazo.

Pasivos

Deudas u obligaciones financieras que una persona debe pagar en el futuro. Ejemplos incluyen hipotecas, préstamos estudiantiles y deudas de tarjetas de crédito.

Patrimonio Neto

La diferencia entre los activos y los pasivos de una persona o pareja. Representa el valor total de los recursos financieros disponibles.

Presupuesto

Plan financiero que detalla los ingresos y los gastos previstos durante un período determinado. Un presupuesto bien gestionado es esencial para alcanzar metas financieras a largo plazo.

Riesgo Financiero

Posibilidad de perder dinero en una inversión o en una transacción financiera. El riesgo varía según el tipo de inversión y la situación financiera individual.

Seguro

Contrato por el cual una persona paga una prima a una compañía aseguradora a cambio de protección financiera contra eventos inesperados, como enfermedades, accidentes o desastres naturales.

Tasa de Interés

El porcentaje que se cobra sobre una cantidad prestada o invertida, como compensación por el uso del dinero. La tasa de interés puede ser fija o variable.

Testamento

Documento legal en el que una persona detalla cómo se distribuirán sus bienes tras su fallecimiento. Es una parte esencial de la planificación patrimonial.

ACERCA DEL AUTOR

Franklin Morillo es un apasionado experto en finanzas personales y asesoramiento financiero. Con años de experiencia guiando a personas y parejas en su camino hacia la libertad financiera, ha desarrollado un enfoque práctico, motivacional y empoderador para ayudar a sus lectores a tomar control de sus vidas económicas.

Autor del exitoso libro *7 Pasos para Alcanzar el Éxito Financiero*, Franklin ha ayudado a miles de personas a transformar su relación con el dinero. Su enfoque está centrado en enseñar principios financieros sólidos, combinados con estrategias prácticas que permiten a las parejas trabajar en equipo para alcanzar sus metas a largo plazo. Su misión es demostrar que el éxito financiero no es solo una meta, sino un viaje que, cuando se hace en pareja, puede fortalecer la relación y construir un futuro próspero juntos.

Con un estilo claro y accesible, Franklin comparte su conocimiento y sabiduría a través de talleres, conferencias, y libros. Su visión es inspirar a otros a vivir con propósito, manejar sus finanzas con confianza, y soñar en grande, incluso en tiempos de incertidumbre financiera. A través de sus escritos, anima a las parejas a superar desafíos, a crecer juntas y a crear una vida de abundancia y paz financiera.

Cuando no está escribiendo o asesorando, Franklin disfruta pasar tiempo con su familia, y le apasiona seguir aprendiendo y compartiendo sobre temas de crecimiento personal y bienestar económico. Su mayor satisfacción es ver cómo sus lectores aplican sus principios y logran vivir sus sueños.

¡Me encantaría ver cómo *El Arte de Crecer Juntos* está transformando sus vidas!

Tómense una foto con el libro y compártanla en sus redes sociales usando el hashtag #ElArtedeCrecerJuntos. ¡Queremos celebrar cada paso de su camino hacia el éxito financiero en pareja!

¡No olviden etiquetarme para que pueda compartir tu historia también!

www.ingramcontent.com/pod-product-compliance
Lightning Source LLC
Chambersburg PA
CBHW070207230526
45471CB00002B/855